Les femmes et les Jeux Olympiques

Au-delà des Victoires, l'Évolution d'une Égalité

Par

Lily Rose Dubois

Table des matières :

INTRODUCTION

Dans l'histoire des Jeux Olympiques, les exploits des athlètes masculins ont souvent pris la scène centrale, reléguant parfois les contributions remarquables des femmes à l'ombre des projecteurs. Cependant, derrière chaque médaille, chaque record et chaque moment d'émotion, se cache une histoire riche et complexe qui évoque l'évolution des femmes dans le monde olympique. "Les femmes et les Jeux Olympiques : Au-delà des Victoires, l'Évolution d'une Égalité" plonge au cœur de cette histoire captivante, dévoilant les triomphes et les défis auxquels les femmes ont été confrontées depuis leurs premières incursions sur la scène olympique.

Le chapitre initial, "L'Héritage des Pionnières Olympiennes", nous transporte dans le passé, revenant sur les premières femmes audacieuses qui ont bravé les normes sociales pour accéder à la compétition. Ces pionnières ont ouvert la voie à une transformation continue, illustrant la puissance des Jeux Olympiques comme catalyseurs du changement social. Nous explorerons également les histoires méconnues des héroïnes oubliées, dont les exploits remarquables méritent une reconnaissance éternelle.

Le deuxième chapitre, "Les Femmes Modernes et l'Évolution de la Reconnaissance", jette un regard sur l'évolution des Jeux Olympiques à mesure que de nouvelles catégories sportives féminines ont été introduites. Cela va au-delà des performances sportives, mettant en lumière comment les athlètes féminines ont utilisé cette plateforme mondiale comme moyen d'activisme, défendant des causes sociales et inspirant des générations entières. Nous explorerons également la montée en puissance des femmes dans des rôles de leadership, démontrant que leur influence ne se limite pas au terrain de jeu.

Le dernier chapitre, "Défis Actuels et Perspectives Futures pour les Femmes Olympiennes", plonge dans les défis persistants auxquels les femmes sont confrontées dans le monde olympique, tout en proposant des solutions pour une véritable égalité des sexes. Nous nous pencherons sur l'impact transformateur des Jeux Olympiques sur la jeunesse féminine et anticiperons le rôle crucial des femmes dans le futur du mouvement olympique.

Ce voyage captivant à travers l'histoire et l'avenir des femmes aux Jeux Olympiques révèle une trame tissée de détermination, de résilience et d'une quête constante pour l'égalité. Au-delà des médailles et des podiums, ce livre explore la véritable essence des femmes olympiennes, révélant comment elles ont transcendé les victoires individuelles pour forger l'évolution d'une égalité qui résonne bien au-delà des frontières du stade.

Chapitre 1 : L'Héritage des Pionnières Olympiennes

Section 1 : Les Premières Femmes aux Jeux Olympiques

Les Jeux Olympiques, longtemps considérés comme le domaine exclusif des hommes, ont connu une transformation significative grâce aux contributions audacieuses de pionnières intrépides qui ont marqué l'histoire du sport.

Au cœur des débuts des femmes aux Jeux Olympiques se trouvent des figures emblématiques telles que Hélène de Pourtalès et Charlotte Cooper. Hélène de

Pourtalès, une navigatrice française, est devenue la première femme à participer aux Jeux Olympiques en 1900 à Paris, remportant même une médaille d'or en voile. Charlotte Cooper, une joueuse de tennis britannique, a également marqué l'histoire en 1900 en devenant la première femme à remporter une médaille d'or olympique en tennis. Ces pionnières ont non seulement défié les attentes de leur époque, mais elles ont aussi tracé la voie pour des générations futures d'athlètes féminines.

Ces femmes exceptionnelles ont dû surmonter des défis considérables pour accéder à la scène olympique. À une époque où la participation féminine dans le sport était largement découragée, Hélène de Pourtalès et Charlotte Cooper ont défié les conventions, repoussant les limites imposées par la société patriarcale du début du XXe siècle. Leurs voyages vers le succès olympique ont été pavés d'opposition sociale et institutionnelle, mais leur détermination a prouvé que le potentiel des femmes dans le sport était infini.

La présence de Hélène de Pourtalès et Charlotte Cooper aux Jeux Olympiques de 1900 a eu un impact bien au-delà des podiums et des compétitions. Leur participation a représenté un bouleversement historique, démontrant que les femmes pouvaient exceller dans des disciplines variées. Dans un contexte où les femmes luttaient pour leurs droits, ces pionnières ont symbolisé la force de la résilience féminine et ont contribué à renforcer la voix des femmes dans le sport et au-delà.

Ce premier volet du livre dévoile ainsi les histoires spécifiques de Hélène de Pourtalès et Charlotte Cooper, mettant en lumière leurs réalisations exceptionnelles qui ont ouvert la voie à une ère nouvelle d'égalité et d'inclusion dans le monde olympique.

Section 2 : Les Jeux Olympiques comme Catalyseurs du Changement

Les Jeux Olympiques ont joué un rôle crucial dans l'évolution de la participation féminine au fil des décennies, témoignant de changements significatifs et d'avancées notables.

Le début du XXe siècle a vu l'avènement des premières compétitions féminines aux Jeux Olympiques. Toutefois, il a fallu attendre les années 1960 pour voir une expansion significative des épreuves féminines. L'année 1964 a marqué un tournant avec l'introduction du relais 4x100 mètres en athlétisme et de la natation synchronisée. Ces ajouts ont été des catalyseurs, permettant aux femmes d'exprimer leur excellence athlétique dans de nouvelles disciplines.

Les années 1980 ont été témoins d'une diversification plus poussée avec l'introduction du marathon féminin en 1984 et du saut en longueur en 1988. Ces moments ont non seulement élargi le spectre des épreuves féminines mais ont également reconnu la capacité des femmes à exceller dans des disciplines traditionnellement masculines. La lutte pour l'égalité des opportunités a atteint son apogée en 2012 avec l'introduction du saut à la perche féminin, établissant ainsi une parité plus marquée entre les sexes dans le monde de l'athlétisme aux Jeux Olympiques.

Les Jeux Olympiques ont été une arène où la lutte pour l'égalité des sexes a trouvé une résonance mondiale. L'année 1996 a été emblématique avec l'ajout du football féminin et du softball, mettant en lumière des sports populaires pratiqués par des femmes à un niveau compétitif. Ces développements ont non seulement élargi le paysage sportif mais ont également contribué à combattre les stéréotypes de genre en offrant une plateforme où les femmes pouvaient exceller dans une multitude de disciplines.

En conclusion, cette section met en évidence les étapes clés de l'évolution de la participation féminine aux Jeux Olympiques, détaillant les nouvelles épreuves introduites et la diversification des sports. Ces changements ont été des pivots majeurs, reflétant l'engagement constant envers l'égalité des sexes et créant une scène où les femmes ont pu s'illustrer de manière exceptionnelle.

Section 3 : Les Héroïnes Oubliées

Bien que les Jeux Olympiques aient été le terrain de jeu pour des exploits sportifs mémorables, de nombreuses athlètes féminines exceptionnelles ont été reléguées à l'ombre de l'oubli. Cette section se consacre à mettre en lumière ces héroïnes souvent négligées, à explorer les défis auxquels elles ont été confrontées malgré leurs performances exceptionnelles et à souligner l'importance cruciale de reconnaître et de célébrer leur héritage.

Derrière les récits bien connus se cachent de nombreuses athlètes féminines remarquables dont les réalisations ont été injustement éclipsées par l'histoire. Par exemple, Fanny Blankers-Koen, surnommée la "femme volante", a remporté quatre médailles d'or en athlétisme lors des Jeux Olympiques de 1948, établissant des records et brisant des barrières. Malgré ces exploits, son nom est souvent oublié. Cette section explorera les histoires fascinantes de ces héroïnes oubliées, mettant en lumière leurs triomphes méconnus et leur impact significatif sur le sport féminin.

Ces héroïnes oubliées ont souvent dû surmonter des obstacles considérables, des préjugés de genre aux limitations institutionnelles. L'étoile du patinage artistique, Sonja Henie, qui a remporté trois médailles d'or consécutives de 1928 à 1936, a fait face à des critiques et des préjugés en raison de son jeune âge lors de sa première victoire. Explorer ces défis met en lumière la résilience et la détermination de ces athlètes face à l'adversité.

Reconnaître ces héroïnes oubliées n'est pas simplement un acte de restitution, mais une étape cruciale pour rétablir l'équité dans l'histoire olympique. L'histoire de Hélène de Pourtalès et Charlotte Cooper, bien que louable, ne doit pas éclipser les exploits de tant d'autres. En soulignant leurs contributions, cette section met en évidence l'importance de célébrer toutes les athlètes féminines qui ont défié les attentes, inspiré des générations et ont pavé la voie à un avenir où le sport serait véritablement égalitaire.

En explorant les histoires méconnues de ces héroïnes oubliées, cette section du livre vise à corriger les lacunes de notre compréhension collective, rétablissant ainsi l'équilibre et rendant hommage à ces femmes extraordinaires qui ont contribué à façonner l'histoire des Jeux Olympiques.

Chapitre 2 : Les Femmes Modernes et l'Évolution de la Reconnaissance

Section 1 : Le Développement des Catégories Féminines

L'évolution des Jeux Olympiques s'est poursuivie avec l'intégration progressive de nouvelles catégories sportives féminines. Cette section examine de près ces changements, analyse leur impact sur la diversité des disciplines sportives féminines et met en lumière les récits de réussite de femmes exceptionnelles qui ont brillé dans des sports nouvellement inclus.

Au cours des dernières décennies, les Jeux Olympiques ont fait des pas significatifs vers une représentation plus équitable en introduisant de nouvelles catégories sportives féminines. Des sports traditionnellement associés aux hommes, tels que la boxe, le lancer du marteau, et le football, ont ouvert leurs portes aux athlètes féminines. Cette section analyse ces développements, mettant en lumière le processus d'inclusion et soulignant l'importance de cette expansion dans la reconnaissance des compétences athlétiques des femmes.

L'introduction de nouvelles catégories féminines a eu un impact significatif sur la diversité des disciplines sportives aux Jeux Olympiques. Cela a créé un terrain de jeu plus équilibré, reflétant la richesse et la variété des talents féminins. Des sports tels que l'haltérophilie féminine et le rugby à sept féminin ont émergé comme des compétitions féroces, démontrant la diversité des compétences et des aptitudes des athlètes féminines. Cette exploration souligne l'importance de la variété dans les disciplines sportives féminines et son impact sur l'émancipation des femmes dans le monde sportif.

Derrière chaque nouvelle catégorie sportive féminine se cachent des histoires inspirantes de femmes qui ont non seulement relevé le défi, mais qui ont également brillé à des niveaux extraordinaires. Des athlètes comme Claressa Shields, double médaillée d'or olympique en boxe, et Kelly Holmes, médaillée d'or en athlétisme, ont transcendé les attentes, démontrant que la compétitivité féminine s'épanouit dans divers domaines. En mettant en avant ces success stories, cette section célèbre les exploits individuels et souligne l'impact de l'expansion des catégories sportives féminines sur la reconnaissance des femmes dans le monde du sport.

Ainsi, cette partie du livre explore le développement des catégories sportives féminines aux Jeux Olympiques, détaillant les implications de ces changements sur la diversité des disciplines sportives et mettant en avant les réussites éclatantes des femmes dans des sports nouvellement inclus.

Section 2 : Les Jeux Olympiques comme Plateforme d'Activisme Féminin

Les Jeux Olympiques ne sont pas seulement une arène pour l'excellence sportive, mais aussi un terrain propice à l'activisme féminin. Cette section examine de près comment les athlètes féminines utilisent les Jeux Olympiques comme tribune pour les questions sociales, explore des exemples d'activisme et de plaidoyer menés par des femmes olympiennes, et évalue l'impact de ces initiatives sur la société et la perception des femmes dans le sport.

Les Jeux Olympiques fournissent une scène mondiale où les athlètes féminines ont de plus en plus utilisé leur visibilité pour aborder des questions sociales cruciales. Des gestes symboliques, tels que le poing levé de Tommie Smith et John Carlos aux Jeux Olympiques de 1968, ont ouvert la voie à un activisme plus explicite et spécifiquement féminin. Cette section analyse comment les femmes athlètes utilisent cette plateforme pour attirer l'attention sur des problèmes tels que l'égalité des sexes, la justice sociale et les droits de l'homme.

Des athlètes telles que Serena Williams, qui a milité pour l'équité des sexes dans le tennis, ou Megan Rapinoe, ardente défenseure de l'égalité et des droits LGBTQ+, ont fait de leur participation aux Jeux Olympiques un moyen d'exprimer leur engagement envers des causes sociales. Cette section explore ces exemples d'activisme, mettant en lumière les voix puissantes qui émergent du monde du sport féminin et détaillant les actions entreprises par ces athlètes pour promouvoir le changement.

L'activisme des femmes olympiennes ne se limite pas au symbole, il a également un impact profond sur la société. Des campagnes telles que #BlackLivesMatter et #MeToo ont trouvé des échos dans le monde sportif, contribuant à façonner la perception des femmes dans le sport et à remettre en question les normes établies. Cette section évalue comment ces initiatives ont influencé le discours public, favorisé la prise de conscience et contribué à l'évolution de la perception des femmes dans le contexte sportif et au-delà.

Ainsi, cette partie du livre explore les Jeux Olympiques comme une plateforme dynamique d'activisme féminin, mettant en avant les efforts des athlètes pour faire avancer des causes sociales importantes et évaluant l'impact de ces initiatives sur la société et la perception des femmes dans le sport.

Section 3 : Les Femmes aux Commandes : Entraîneures, Arbitres, et Dirigeantes

Une transformation notable se dessine aux Jeux Olympiques avec la présence croissante de femmes occupant des rôles de leadership. Cette section met en lumière cette évolution, analyse les défis auxquels ces femmes sont confrontées et les succès qu'elles ont obtenus. Elle explore également l'influence des femmes dans la prise de décision et la direction des mouvements sportifs.

Le paysage des Jeux Olympiques évolue avec une présence croissante de femmes occupant des postes clés tels que entraîneures, arbitres et dirigeantes. Des personnalités telles que Nellie Kim, gymnaste et juge, ou Marisol Casado, présidente de la Fédération internationale de triathlon, sont des exemples inspirants de femmes occupant des positions influentes. Cette section met en avant ces figures, soulignant comment elles ont brisé les barrières et ont contribué à remodeler la structure de pouvoir dans le monde sportif olympique.

Les femmes aux commandes aux Jeux Olympiques font face à des défis uniques, notamment la discrimination de genre et les stéréotypes préexistants. Néanmoins, leur persévérance et leur expertise ont conduit à des réussites significatives. Des entraîneures comme Pat Summitt, la légendaire entraîneure de basketball, ont prouvé que le succès transcende le genre. Cette section analyse les obstacles surmontés par ces femmes exceptionnelles et célèbre les succès qu'elles ont obtenus, soulignant que la diversité de leadership apporte une richesse indéniable au monde olympique.

La présence croissante de femmes dans des rôles de leadership ne se limite pas à une simple représentation, elle a un impact profond sur la prise de décision et la direction des mouvements sportifs. Des femmes telles que Anita DeFrantz, membre du Comité International Olympique, ont joué un rôle crucial dans l'élaboration de politiques et de décisions stratégiques. Cette section explore comment ces femmes influent sur les orientations prises aux Jeux Olympiques, favorisant une approche plus inclusive et diversifiée dans la gestion du plus grand événement sportif mondial.

Ainsi, cette partie du livre examine la montée des femmes aux commandes aux Jeux Olympiques, mettant en lumière les défis, les succès et l'influence significative qu'elles exercent dans la direction des mouvements sportifs à l'échelle mondiale.

Chapitre 3 : Défis Actuels et Perspectives Futures pour les Femmes Olympiennes

Section 1 : Les Inégalités Persistantes

Bien que des avancées significatives aient été accomplies dans le monde olympique, des inégalités persistent entre hommes et femmes, nécessitant une évaluation approfondie.

Les inégalités persistent dans plusieurs domaines, y compris les récompenses financières. À titre d'exemple, lors des Jeux Olympiques récents, les primes attribuées aux athlètes féminines étaient substantiellement inférieures à celles de leurs homologues masculins, reflétant une disparité salariale criante. De plus, la médiatisation des sports féminins reste souvent insuffisante, malgré les performances exceptionnelles des athlètes féminines. Cette section offre une analyse approfondie de ces inégalités, illustrant la nécessité d'actions concrètes pour les éliminer.

Dans la quête d'une véritable égalité des sexes, des progrès significatifs doivent être réalisés. Par exemple, la sous-représentation des femmes dans des rôles de leadership au sein des comités olympiques et des fédérations sportives persiste, entravant la diversité des perspectives dans la prise de décision. De plus, les opportunités de parrainage et de partenariat demeurent souvent moins accessibles pour les athlètes féminines. Cette section souligne ces domaines spécifiques nécessitant une attention immédiate et des mesures correctives.

Pour remédier à ces inégalités persistantes, des solutions pratiques et significatives doivent être mises en œuvre. Une augmentation équitable des primes pour les athlètes féminines, une promotion active des sports féminins dans les médias et l'instauration de quotas pour la représentation des femmes dans les organes de décision sont autant de mesures envisageables. Cette section propose des solutions concrètes, étayées par des exemples concrets, pour transformer ces aspirations d'égalité en réalité tangible.

Ainsi, cette partie du livre offre une exploration approfondie des inégalités persistantes entre hommes et femmes dans le monde olympique, identifiant les domaines nécessitant des améliorations et proposant des solutions pratiques et concretes pour atteindre une véritable égalité des sexes aux Jeux Olympiques et au-delà.

Section 2 : L'Impact des Jeux Olympiques sur la Jeunesse Féminine

La participation des femmes aux Jeux Olympiques transcende l'aspect compétitif pour exercer une influence profonde sur les jeunes générations. Cette section explore l'impact direct de la présence féminine aux Jeux Olympiques sur la jeunesse, examine des initiatives visant à encourager la participation des jeunes filles dans le sport et met en avant des modèles inspirants pour les futures athlètes olympiques.

La visibilité accrue des athlètes féminines aux Jeux Olympiques a un impact direct sur les jeunes générations. Les histoires inspirantes de réussite, de résilience et de détermination des femmes olympiennes servent de catalyseurs puissants pour motiver les jeunes filles. Elles suscitent des aspirations, stimulent la confiance en soi et démontrent que le sport n'est pas limité par le genre. En présentant des modèles qui transcendent les frontières traditionnelles, les Jeux Olympiques créent une connexion significative avec la jeunesse féminine, influençant positivement la perception qu'elles ont de leurs propres possibilités dans le monde du sport.

Parallèlement aux Jeux Olympiques, des initiatives novatrices ont été déployées pour encourager la participation des jeunes filles dans le sport. Des programmes de mentorat conçus par des athlètes émérites, des camps d'entraînement spécifiques et des partenariats avec des écoles sont autant de moyens visant à éliminer les obstacles qui pourraient décourager les jeunes filles de s'engager dans le sport. En explorant ces initiatives, cette section souligne l'importance de créer un environnement inclusif et accessible, favorisant ainsi la participation active des jeunes filles dans le monde sportif.

Les athlètes féminines qui ont marqué l'histoire des Jeux Olympiques deviennent des modèles exemplaires pour les futures générations d'athlètes. Leurs parcours, jalonnés de succès et de défis surmontés, servent d'inspiration concrète. En mettant en avant ces modèles, cette section aspire à créer une source d'inspiration palpable pour les jeunes filles qui rêvent de fouler un jour la scène olympique. Ces modèles incitent à la persévérance, à l'ambition et à la conviction que le sport offre des opportunités illimitées pour celles qui osent rêver.

Ainsi, cette partie du livre explore en détail l'impact direct des Jeux Olympiques sur la jeunesse féminine, en mettant en avant les modèles, les initiatives et les influences qui contribuent à façonner les aspirations des futures générations d'athlètes olympiques.

Section 3 : Les Femmes Olympiennes du Futur

Dans cette section, nous projetons notre regard vers l'avenir, envisageant l'évolution de la participation féminine aux Jeux Olympiques, explorant les tendances émergentes et les changements attendus. Notre objectif ultime est de conclure sur la vision d'un monde olympique véritablement égalitaire pour les générations futures.

L'avenir de la participation féminine aux Jeux Olympiques s'annonce prometteur, porté par une dynamique d'inclusion et de reconnaissance croissante. Les prochaines générations d'athlètes féminines sont destinées à repousser les limites, non seulement sur le plan sportif, mais aussi en contribuant à remodeler les normes et les attentes. En envisageant cet avenir, nous cherchons à identifier les opportunités émergentes et les défis potentiels qui façonneront la trajectoire de la participation féminine aux Jeux Olympiques.

Les tendances émergentes dans le monde du sport féminin, notamment aux Jeux Olympiques, comprennent une plus grande diversification des disciplines, une augmentation de la visibilité médiatique, et des réformes structurelles visant à éliminer les inégalités persistantes. Nous explorons également les changements attendus dans les politiques sportives, la perception médiatique et les attentes sociétales envers les athlètes féminines. Cette exploration vise à offrir un aperçu des évolutions majeures qui contribueront à l'avènement d'un environnement olympique plus équitable.

En conclusion, notre aspiration ultime est de voir émerger un monde olympique véritablement égalitaire pour les générations futures. Nous envisageons un paysage où les femmes athlètes sont célébrées de la même manière que leurs homologues masculins, où la participation féminine est considérée comme tout aussi cruciale et captivante. Cette vision inclut des opportunités égales, des récompenses équitables, et une représentation équilibrée dans tous les aspects des Jeux Olympiques. En posant les bases de cette vision, nous espérons contribuer à l'élan global vers un monde sportif où l'égalité des sexes est la norme et où chaque athlète, indépendamment du genre, a la possibilité de briller aux Jeux Olympiques.

CONCLUSION

En conclusion, ce court livre a cherché à tracer un portrait évolutif de la participation des femmes aux Jeux Olympiques, mettant en lumière les pionnières courageuses, les défis surmontés, les avancées significatives et les défis persistants. Nous avons exploré l'impact des Jeux Olympiques sur la jeunesse féminine, discuté des défis actuels et esquissé des perspectives futures pour un monde olympique véritablement égalitaire.

Bien que des progrès notables aient été accomplis, il est indéniable que des inégalités subsistent, exigeant une action continue et des réformes systémiques. Cependant, le potentiel transformateur des Jeux Olympiques pour inspirer les générations futures, encourager la participation des jeunes filles dans le sport et promouvoir l'égalité des sexes reste une source d'optimisme.

En envisageant l'avenir, nous espérons voir émerger un monde olympique où chaque athlète, indépendamment du genre, peut réaliser son potentiel sans entraves. En conjuguant nos efforts et en restant engagés en faveur de l'équité, nous pouvons œuvrer ensemble pour faire des Jeux Olympiques une vitrine éclatante de l'excellence sportive, de l'inclusion et de l'égalité, ouvrant ainsi la voie à un avenir plus brillant pour les femmes olympiennes.

www.ingramcontent.com/pod-product-compliance
Lightning Source LLC
Chambersburg PA
CBHW050757250726

48662CB00005B/2258